온마음 잠언·전도서 쓰기성경®

SELF WRITING BIBLE

너는 마음을 다하여 여호와를 신뢰하고 네 명철을 의지하지 말라
너는 범사에 그를 인정하라 그리하면 네 길을 지도하시리라 잠 3:5-6

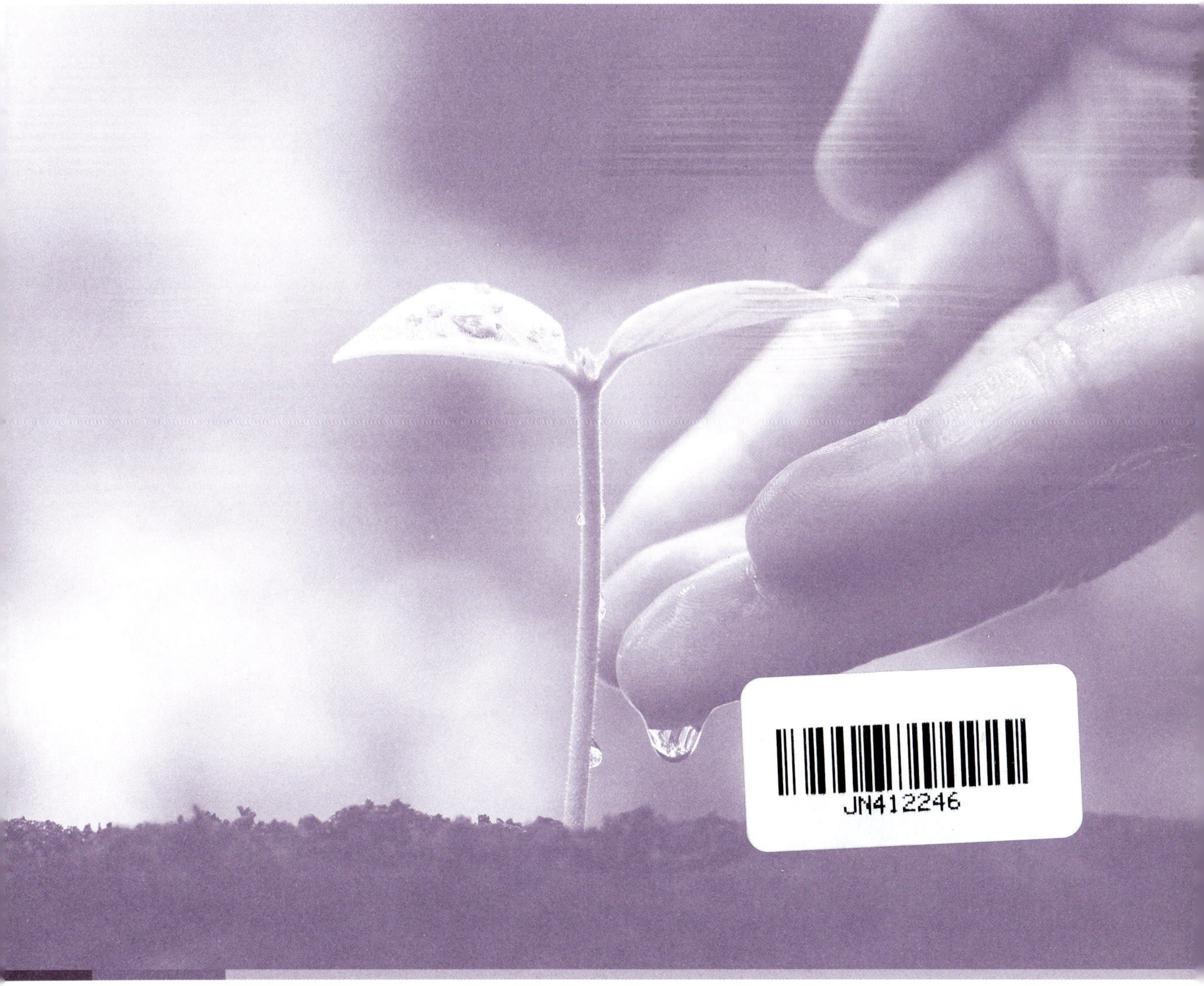

AGAPE
(주)아가페출판사

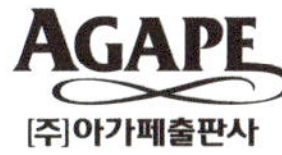

너는 마음을 다하여 여호와를 신뢰하고 네 명철을 의지하지 말라
너는 범사에 그를 인정하라 그리하면 네 길을 지도하시리라

잠 3:5-6

| 필 사 자 |

| 시 작 한 날 | 년 월 일

| 마 감 한 날 | 년 월 일

일러두기

온마음 쓰기성경을 시작하시는 분들께

1. 기도로 시작하세요.
한 글자 한 글자를 쓰는 동안 살아있는 하나님의 말씀이 내 안에 들어올 수 있도록 기도합니다.

2. 말씀의 의미를 마음에 새기면서 쓰세요.
단순히 한 번 쓰는 것이 목적이 아닙니다. 말씀의 의미를 이해하면서 써 나갈 수 있도록 주의를 기울이세요.

3. 다 쓰고 나면 꼭 말씀을 묵상하세요.
묵상이란 말씀을 깊이 생각하면서 내 것으로 만드는 시간입니다. 쓰기를 마친 후에는 말씀이 내게 주시는 깨달음에 대해 묵상하는 시간을 꼭 가지세요.

4. 적당한 분량을 정해 놓고 매일 꾸준히 쓰세요.
한꺼번에 많은 양을 쓰려고 하지 마세요. 적당한 분량을 매일 꾸준히 쓰는 것이 중요합니다.

1. 성경은 성령님의 감동으로 이루어진 하나님의 말씀입니다.(딤후 3:16)
- 성령님을 의지하는 겸손한 믿음으로 시작하십시오.

2. 성경은 주야로 묵상하여야 할 우리 삶의 지침입니다.(시 1:2)
- 삶이 변화되기를 바라는 간절한 마음이 필요합니다.

3. 성경은 우리를 하나님의 사람으로 온전케 하는 진리입니다.(딤후 3:17)
- 회개의 기도는 신자들의 호흡입니다.

4. 성경은 일점일획도 변함없이 이루어질 하나님의 약속입니다.(마 5:18)
- 굳건한 신뢰의 마음으로 써야 합니다.

5. 성경은 사람을 구원에 이르게 하는 지혜의 말씀입니다.(요 20:31; 딤후 3:15)
- 구원의 기쁨을 노래하는 마음으로 기록합니다.

6. 성경 말씀은 성령께서 쓰시는 검(劍)입니다. 영적 전투의 공격용 무기입니다.(엡 6:17)
- 그리스도의 좋은 군사로서, 진리를 위하여 싸우는 담대한 자세가 요청됩니다.

7. 성경 말씀의 핵심은 하나님을 사랑하며, 이웃을 사랑하는 것입니다.(마 22:37-40)
- 사랑을 배우고 행하는 사람으로서의 태도가 필수적입니다.

8. 매일 시간을 정해 놓고 하며, 기도로 시작하여 기도로 끝냅니다.
- 하루 24시간의 십일조(2.4시간)를 성경 쓰기에 드리면, 한 해에 성경 전체를 완필할 수 있습니다.

온마음 쓰기성경® 활용법

'개역개정 큰글성경'(아가페출판사)을 참고하여 쓰시면 가장 좋습니다.

잠언 Proverbs

소제목을 쓰시면 됩니다. ………… 솔로몬의 잠언

장 숫자 수록 ………… 1 다윗의 아들 이스라엘 왕
솔로몬의 잠언이라
2 이는 지혜와 훈계를 알게 하며
명철의 말씀을 깨닫게 하며
절 숫자 수록 ………… 3 지혜롭게, 공의롭게, 정의롭게,
정직하게 행할 일에 대하여
훈계를 받게 하며
4 어리석은 자를 슬기롭게 하며
젊은 자에게 지식과 근신함을
주기 위한 것이니
성경을 보시면서 절에 맞춰 성경 본문을 쓰시면 됩니다. ………… 5 지혜 있는 자는 듣고 학식이
더할 것이요 명철한 자는 지략을
얻을 것이라
6 잠언과 비유와 지혜 있는 자의
말과 그 오묘한 말을 깨달으리라

7

8

9

10

11

12

13

14

15

16

17

18

19

20

잠언

제목

이 책의 히브리어 명칭은 '미쉴레 쉐로모'이며, 헬라이 명칭은 '피로이 미아이 살로몬토스'이다. 이것들은 "솔로몬의 잠언들"이란 뜻이다. 대부분의 잠언들은 솔로몬이 말한 것이기 때문에 그의 이름을 따서 책명을 정한 것 같다.

저자와 저작 연대

주로 솔로몬 왕 자신이 직접 기록했지만 아굴, 르무엘 왕, 그 밖의 몇몇 사람들도 잠언을 기록하는 데 큰 도움을 주었다. 저작 연대는 B.C. 1000년에서 700년 사이에 기록되었다. 하지만 B.C. 931년경 솔로몬에 의하여 대부분의 잠언이 기록되었다.

기록 장소와 대상

아마도 유다에서 기록되었을 것이다. 그리고 주로 젊은이들과 "장로들의 학생들"을 위해서 기록되었다.

기록 목적

본서는 그 기록 배경과 목적을 서론(1:1–7)에 명확하게 밝혀 놓았다. 바로 하나님의 백성에게 지혜가 무엇이며, 또한 이 지혜의 근본이 하나님을 경외하는 믿음에서부터 나오는 것임을 가르치려는 것이다. 본서는 인간의 삶의 질과 마지막을 좌우하는 것이 지혜임을 가르친다. 지혜로운 선택을 하는 사람은 생명의 풍성함을 누릴 것이지만, 미련한 선택을 하는 사람은 결국 망할 것임을 경고한다.

또한 본서가 말하는 지혜는 일상 생활에서 구체적으로 활용이 가능한 판단력이나 통찰력을 의미한다. 따라서 지혜를 배운 사람은 매일의 삶에서 하나님의 백성으로서 합당하며 의미 있는 선택을 한다. 그러므로 결국에는 풍성한 생명을 누리게 된다.

핵심어 및 내용

잠언의 핵심어는 "지혜"와 "진리"이다. 잠언에서는 어떻게 하면 일상 생활에서 의로운 삶을 살 수 있을지에 관하여 자세히 설명하고 있다. 이 지혜는 우리로 하여금 선과 악, 진리와 거짓, 하나님의 뜻과 인간의 생각을 분별할 수 있게 해준다. 또한 진리는 우리에게 인생의 올바른 길, 곧 하나님 말씀대로 사는 길을 제시해 준다.

주요 사건 연대

B.C.

- 솔로몬의 출생 (삼하 12:24–25) B.C. 990
- 솔로몬의 왕위 계승과 다윗 왕의 죽음 (왕상 1:32–53; 대상 29:20–30) B.C. 970
- 성전 건축 (왕상 6:1–38; 대하 3:1–7:10) B.C. 966–959
- 왕궁 건축 (왕상 7:1; 대하 7:11) B.C. 959–946
- 여로보암의 반역 (왕상 11:26–40) B.C. 935
- 솔로몬 왕의 죽음과 르호보암의 등극 (왕상 11:43–12:1; 대하 9:29–10:11) B.C. 931
- 여로보암의 즉위와 남북의 분열 (왕상 12:20–33; 대하 10:16–19) B.C. 931
- 남쪽 유다의 히스기야 왕 등극과 종교 개혁 (왕하 18:1–4; 대하 29:1–19) B.C. 728
- 바벨론에 의한 남쪽 유다의 멸망과 바벨론 유수 (대하 36:11–21) B.C. 586

주요 내용

본서의 주요 내용은 크게 다음과 같다.

첫째, 하나님을 경외함으로 얻게 되는 지식과 그것을 잘 활용하여 세상 속에서 살아가게 하는 지혜를 소중히 여기고 추구해야 한다.

둘째, 지혜의 인도를 받아 사는 사람은 악인이나 창녀의 삶 같은 멸망의 길을 피하여 복된 삶을 살 수 있다.

셋째, 다양한 인간 관계와 복잡한 상황 속에서도 지혜는 하나님의 뜻대로 삶을 살아갈 수 있도록 돕는다.

넷째, 하나님을 모든 상황에서 인정하고 또한 끝날에 심판이 있다는 것을 기억하며 살아갈 때 선하고 아름다운 인생을 살 수 있다.

다섯째, 영적 시각을 가진 사람은 참된 가치를 가진 영적 지혜를 추구하게 된다. 이런 사람은 하나님의 은혜를 입을 뿐만 아니라 사람들에게서도 높임을 받는 인생을 살게 된다.

특징

첫째, 본서는 대조와 생략에 의한 함축적 표현을 자주 사용한다. 이것은 짧은 구절 안에 저자가 말하려는 내용을 담기 위한 문학적 기법으로 시가서에서 흔히 발견할 수 있다. 따라서 짧은 구절을 해석할 때, 대조가 되는 내용을 찾고 생략된 단어들을 유추해 보아야 한다. 예를 들면 "소원을 성취하면 마음에 달아도 미련한 자는 악에서 떠나기를 싫어하느니라"(13:19)는 말씀은 '지혜로운 자들은 선을 추구함으로 소원이 성취되어 마음이 즐겁지만, 어리석은 자들은 악에서 떠나기를 싫어함으로 소원을 이룰 수 없어 마음이 슬프다'라는 의미이다.

둘째, 본서에는 인간의 삶에 존재하는 모든 종류의 관계에 대한 지혜로운 조언이 나온다. 부부 관계, 부모 자식 관계, 군신 관계, 이웃과의 관계, 친구와의 관계, 원수와의 관계, 미련한 자와의 관계, 창녀와의 관계 등등 다양한 인간 관계를 다루고 있다. 그러므로 본서의 지혜로운 가르침을 잘 따르는 사람은 이러한 관계에서 느끼는 어려움과 문제들을 해결하는데 도움을 얻을 수 있다.

셋째, 본서는 세상의 상황 속에서 드러나는 하나님의 일반 계시를 다루고 있다. 본서의 저자들은 세상을 자세히 관찰한 뒤에 그 가운데 숨어 있는 영적 의미와 지혜를 찾아내어 설명한다. 하나님에 대한 믿음이 없는 사람은 사건과 상황의 배후에 존재하는 영적 세계를 볼 수 없기 때문에 세상적인 원리를 따라간다. 하지만 믿음의 눈으로 세상을 바라보는 자는 그 가운데 숨겨진 영적 비밀과 목적을 깨달아 지혜의 가르침을 따르게 된다.

지혜서

유대인들은 구약 성경을 율법·선지서·성문서로 구분한다. 마지막 부분인 성문서에 포함되는 책들이 시편·욥기·잠언·전도서와 같은 지혜서이다. 이 지혜서는 '지혜로운 사람들'이라고 불리는 계층과 밀접하게 관련되어 있다. 이들은 제사장·선지자들과 함께 이스라엘 사회에서 중요한 역할을 담당하였다(렘 18:18). 이들이 하는 일은 왕에게 충언(忠言)을 드리며, 젊은이들을 훈계하는 것이었다. 제사장들과 선지자들이 종교적인 면을 주로 다루는데 비해서, 지혜로운 사람들은 실질적이고 철학적인 일들에 관심을 기울였다.

성경에는 솔로몬 시대 이전에 지혜로운 사람들이 있었음을 나타내는 여러 가지 언급들이 있다. 다윗은 옛 사람의 속담을 인용했고(삼상 24:13), 삼손은 수수께끼를 말했으며(참조. 삿 14:14), 요담은 우화를(삿 9:8-15), 나단은 비유를(삼하 12:1-4) 말하였다. 이러한 지혜서의 영향은 외경에서도 찾아볼 수 있다. '벤시락의 지혜서'(B.C. 180년경)와 '솔로몬의 지혜'(B.C. 1세기)는 정경에 있는 '잠언'을 모방한 것이다.

내용 분해

1. 머리말 (1:1-7)
2. 솔로몬의 제1잠언집 (1:8-9:18)
3. 솔로몬의 제2잠언집 (10:1-22:16)
4. 지혜로운 사람들의 제1잠언집 (22:17-24:22)
5. 지혜로운 사람들의 제2잠언집 (24:23-34)
6. 솔로몬의 제3잠언집 (25:1-29:27)
7. 아굴의 잠언 (30:1-33)
8. 르무엘의 잠언 (31:1-9)
9. 현숙한 여인 (31:10-31)

잠언 *Proverbs*

1

2

3

4

5

6

7

8

9

10

11

12

13

14

15

16

17

18

19

20

21

22

23

24

25

26

27

28

29

30

31

32

33

2

2

3

4

5

6

7

8

9

10

11

12

13

14

15

16

17

18

19

20

21

22

3

2

3

4

5

6

7

8

9

10

11

12

13

14

15

16

17

18

19

20

21

22

23

24

25

26

27

28

29

30

31

32

33

34

35

4

2

3

4

5

6

7

8

9

10

11

12

13

14

15

16

17

18

19

20

21

22

23

24

25

26

27

5

2

3

4

5

6

7

8

9

10

11

12

13

14

15

16

17

18

19

20

21

22

23

6

2

3

4

5

6

7

8

9

10

11

12

13

14

15

16

17

18

19

20

21

22

23

24

25

26

27

28

29

30

31

32

33

34

35

7

2

3

4

5

6

7

8

9

10

11

12

13

14

15

16

17
18

19
20

21

22

23

24

25

26

27

8

2

3

4

5

6

7

8

9

10

11

12

13

14

15

16

17

18

19

20

21

22

23

24

25

26

27

28

29

30

31

32

33

34

35

36

9

2

3

4

5

6

7

8

9

10

11

12

13

14

15

16

17

18

10

2

3

4

5

6

7

8

9

10

11

12

13

14

15

16

17

18

19

20

21

22

23

24

25

26

27

28

29

30

31

32

11

2

3

4

5

6

7

8

9

10

11

12

13

14

15

16

17

18

19

20

21

22

23

24

25

26

27

28

29

30

31

12

2

3

4

5

6

7

8

9

10

11

12

13

14

15

16

17

18

19

20

21

22

23

24

25

26

27

28

13

2

3

4

5

6

7

8

9

10

11

12

13

14

15

16

17

18

19

20

21

22

23

24

25

14

2

3

4

5

6

7

8

9

10

11

12

13

14

15

16

17

18

19

20

21

22

23

24

25

26

27

28

29

30

31

32

33

34

35

15

2

3

4

5

6

7

8

9

10

11

12

13

14

15

16

17

18

19

20

21

22

23

24

25

26

27

28

29

30

31

32

33

16

2

3

4

5

6

7

8

9

10

11

12

13

14

15

16

17

18

19

20

21

22

23

24

25

26

27

28

29

30

31

32

33

17

2

3

4

5

6

7

8

9

10

11

12

13

14

15

16

17

18
19
20
21
22
23
24
25
26
27
28

18

2
3
4
5
6
7
8
9

10

11

12

13

14

15

16

17

18

19

20

21

22

23

24

19

2

3

4

5

6

7

8

9

10

11

12

13

14

15

16

17

18

19

20

21

22

23

24

25

26

27

28

29

20

2

3

4

5

6

7

8

9

10

11

12

13

14

15

16

17

18

19

20

21

22

23

24

25

26

27

28

29

30

21

2

3

4

5

6

7

8

9

10

11

12

13

14

15

16

17

18

19

20

21

22

23

24

25

26

27

28

29

30

31

22

2

3

4

5

6

7

8

9

10

11

12

13

14

15

16

17

18

19

20

21

22

23

24

25

26

27

28

29

23

2

3

4

5

6

7

8

9

10

11

12

13

14

15

16

17

18

19

20

21

22

23

24

25

26

27

28

29

30

31

32

33

34

35

24

2

3

4

5

6

7

8

9

10

11

12

13

14

15

16

17

18

19

20

21

22

23

24

25

26

27

28

29

30

31

32

33

34

25

2

3

4

5

6

7

8

9

10

11

12

13

14

15

16

17

18

19

20

21

22

23

24

25

26

27

28

26

2

3

4

5

6

7

8

9

10

11

12

13

14

15

16

17

18

19

20

21

22

23

24

25

26

27

28

27

2

3

4

5

6

7

8

9

10

11

12

13

14

15

16

17

18

19

20

21

22

23

24

25

26

27

28

2

3

4

5

6

7

8

9
10
11
12
13
14
15
16
17
18
19
20
21
22
23
24
25
26
27

28

29

2

3

4

5

6

7

8

9

10

11

12

13

14

15

16

17

18

19

20

21

22

23

24

25

26

27

30

2

3

4

5

6

7

8

9

10

11

12

13

14

15

16

17

18

19

20

21

22

23

24

25

26

27

28

29

30

31

32

33

31

2

3

4

5

6

7

8

9

10

11

12

13

14

15

16

17

18

19

20

21

22

23

24

25

26

27

28

29

30

31

전도서

제목

이 책의 히브리어 명칭은 '코헬레트'이다. 이 단어는 "회중을 소집하다"란 뜻을 가진 단어에서 파생되었다. 그런데 회중을 소집하는 자는 '사람이란 어떤 존재인가'를 밝히려는 목적을 가졌기 때문에 '코헬레트'란 말은 "설교자"(전도자)로 번역될 수 있다.

저자와 저작 연대

저자는 자신을 "다윗의 아들"(1:1)이며, "이스라엘의 왕"(1:12)이 된 사람이라고 소개한다. 또한 저자의 행적들이 1:12-2:26에 기록되어 있는데, 이러한 묘사에 어울리는 사람은 솔로몬 한 사람뿐이다. 이 때문에 많은 유대인 학자들과 신학자들은 일반적으로 솔로몬의 저작설을 이의(異意)없이 받아들이고 있다. 따라서 저작 연대는 B.C. 935년경이 될 것이다.

기록 장소와 대상

기록 장소는 예루살렘이며, 주로 젊은이들과 "장로들의 학생들"을 위하여 기록하였다.

기록 배경과 목적

솔로몬이 전도서의 저자라면 B.C. 10세기가 전도서가 기록된 시대적 배경이라고 할 수 있다. 전도서는 솔로몬이 자신의 말년(B.C. 931년경)에 모든 백성과 왕국의 젊은이들에게 인간의 지혜가 아닌 하나님을 경외함으로 즐기는 삶을 위해 참된 지혜를 따라 살도록 교훈을 주기 위해 기록되었다.

솔로몬은 다윗도 인정한(왕상 2:6, 9) 특별한 지혜의 소유자로서 하나님께 지혜롭고 총명한 마음을 받았다(참조. 왕상 3:16-28). 천하의 모든 왕들이 솔로몬의 명성을 듣고 왕궁으로 찾아올 정도였다(왕상 4:34). 솔로몬은 많은 노래와 잠언을 지었으며(왕상 4:32), 성전과 궁전을 건축했을 뿐만 아니라, 국내와 외국으로부터 많은 처첩을 맞이하고 그들을 위해서도 궁전을 지었다(왕상 7:8). 당시 솔로몬의 영화와 명예와 권세는 절정에 달했다(왕상 10:14-25). 결과적으로 솔로몬은 자신이 왕으로서 누렸던 많은 부와 재력과 그가 가진 지혜로 인하여 세상 그 누구보다도 풍족하게 살았다는 것을 알 수 있다. 그러나 역설적으로 저자는 인생의 말년에 하나님 밖에서 누리는 '모든 것들이 헛되다'(전도서에서 38회 반복됨)고 고백한다.

주요 사건 연대

B.C.

솔로몬의 출생
(삼하 12:24-25)
B.C. **990**

솔로몬의
왕위 계승과
다윗 왕의 죽음
(왕상 1:32-53;
대상 29:20-30)
B.C. **990**

성전 건축
(왕상 6:1-38;
대하 3:1-7:10)
B.C. **966-959**

왕궁 건축
(왕상 7:1;
대하 7:11)
B.C. **959-946**

전도서 기록
B.C. **935**

솔로몬 왕의
죽음과
르호보암의
등극
(왕상 11:43-12:1;
대하 9:29-10:11)
B.C. **931**

여로보암의
즉위와
남북의 분열
(왕상 12:20-33;
대하 10:16-19)
B.C. **931**

앗수르에 의한
북쪽 이스라엘의
멸망
(왕하 18:9-12)
B.C. **722**

바벨론에 의한
남쪽 유다의
멸망과
바벨론 유수
(대하 36:11-21)
B.C. **586**

핵심어 및 내용

전도서의 핵심어는 "헛되다"와 "야망"이다. 하나님이 함께하시지 않는다면, 우리들이 하는 모든 일들은 아무런 의미가 없다. 모든 것은 헛되고 공허하며 소망이 없다. 우리가 만약 이 세상에서 만족을 누리려는 것을 인생의 목표로 삼는다면 우리는 계속해서 좌절하고 낙망할 수밖에 없을 것이다.

주요 내용

전도서는 하나님 없는 인생의 허무함이 무엇인지로 시작한다. 저자는 '헛되다'라는 말을 계속적으로 반복하면서 인생의 허무함을 노래한다. 그러면서 인생의 허무함을 극복하는 유일한 비결을 결론부로 제시하는데 그것은 창조주 하나님을 경외하고 그분의 말씀에 순종하는 삶이다. 왜냐하면 하나님은 인간의 모든 행위와 모든 은밀한 일을 선악간에 심판하시는 분이기 때문이다.

전도서를 어떤 관점에서 읽을 것인가

구약성경에는 수많은 문학 양식이 나오는데 전도서는 문학 양식(장르) 가운데 '지혜 문학'에 속한다. 지혜 문학 아래 숙고('내가 보니'), 잠언, 교훈, 1인칭 서술(내러티브), 일화, 은유, 알레고리 등의 장르들이 전도서 가운데 사용되고 있다. 구약성경에서 '지혜 문학'에 속하는 것들은 잠언, 욥기, 전도서, 집회서와 지혜서이다.

지혜는 하나님의 통치 아래 세상을 살아가면서 삶의 질서를 바로잡는 것과 관련이 있으며, 창조주의 질서 안으로 조화롭게 들어가도록 하는 것이다. 궁극적으로 지혜는 그리스도에게 목적을 두고 예수 그리스도에게서 성취된다. 전도서는 직접적으로 하나님의 구원 행위에 초점을 맞추지는 않지만 창세기와 구속사의 시작과도 연관성을 가지고 있다.

전도자의 기록 목적은 하나님이 없는 삶은 무의미하며, 세속적 세계관과 인생은 '모든 것이 헛되다'(1:2; 12:8)는 것을 보여주고, 창조주 하나님을 경외함으로(3:14; 5:7; 7:18; 8:12–13) 참된 지혜를 추구하고, '현재의 삶을 즐기라'(3:12–13, 22; 5:18–20; 8:15; 9:7–9; 11:7–9)는 교훈을 주는 것이다.

내용 분해

1. 머리말 (3인칭, 1:1–11)
2. 전도자의 긴 독백 (1인칭, 1:12–12:8)
   (1) 삶에 대한 전도자의 관찰 (1:12–6:9)
   - 하나님 없는 세상 지혜는 바람을 잡으려는 것 (1:12–18)
   - 세상 쾌락의 추구에 대한 고찰 (2:1–11)
   - 지혜자나 우매자나 모두 헛됨 (2:12–17)
   - 인간 수고의 허무함 (2:18–26)
   - 범사에 다 때가 있다 (3:1–8)
   - 모든 것을 때를 따라 아름답게 하심 (3:9–15)
   - 짐승과 다를 바 없는 인간이 살아가는 법 (3:16–22)
   - 학대받는 자들을 위로하고 변호하라 (4:1–6)
   - 함께 협력하는 삶의 유익함 (4:7–16)
   - 하나님을 경외하는 참된 예배자 (5:1–7)
   - 재물을 모으는 자의 헛됨 (5:8–17)
   - 하나님이 주신 선물을 누리는 삶 (5:18–6:9)

   (2) 전도자의 결론 (6:10–12:8)
   - 전제/서문: 하나님이 하신 일을 인간이 알지 못한다 (6:10–12)
   - 잔칫집보다 초상집에 가는 것이 낫다 (7:1–7:6)
   - 형통한 날에는 기뻐하고 곤고한 날에는 생각하라 (7:7–14)
   - 오직 하나님을 경외하라 (7:15–22)
   - 스스로 지혜자가 될 수 없다 (7:23–29)
   - 왕에 대한 지혜자의 자세 (8:1–8)
   - 악인과 불의에 대한 고찰의 결론 (8:9–17)
   - 하나님 없는 생의 불확실성 (9:1–10)
   - 인간의 지혜가 가진 한계 (9:11–18)
   - 지혜자와 우매자의 대조 (10:1–11)
   - 적은 우매의 위험성 (10:12–20)
   - 지혜로운 삶 (11:1–8)
   - 창조주를 기억하라 (11:9–12:8)
3. 결론 (3인칭, 12:9–14): 모든 사람의 본분

Ecclesiastes

1

2

3

4

5

6

7

8

9

10

11

12

13

14

15

16

17

18

2

2

3

4

5

6

7

8

9

10

11

12

13

14

15

16

17

18

19

20

21

22

23

24

25

26

3

2

3

4

5

6

7

8

9

10

11

12

13

14

15

16

17

18

19

20

21

22

4

2

3

4

5

6

7

8

9

10

11

12

13

14

15

16

5

2

3

4

5

6

7

8

9

10

11

12

13

14

15

16

17

18

19

20

6

2

3

4

5

6

7

8

9

10

11

12

7

2

3

4

5

6

7

8

9

10

11

12

13

14

15

16

17

18

19

20

21

22

23

24

25

26

27

28

29

8

2

3

4

5

6

7

8

9

10

11

12

13

14

15

16

17

9

2

3

4

5

6

7

8

9

10

11

12

13

14

15

16

17

18

10

2

3

4

5

6

7

8

9

10

11

12

13

14

15

16

17

18

19

20

11

2

3

4

5

6

7

8

9

10

12

2

3

4

5

6

7

8

9

10

11

12

13

14

MEMO
주의 말씀은 내 발에 등이요 내 길에 빛이니이다. 주의 의로운
규례들을 지키기로 맹세하고 굳게 정하였나이다_시편 119:105-106

온마음 잠언·전도서 쓰기성경®

2021년 2월 1일 1판 5쇄 발행

발 행 인 곽 성 종
발 행 처 (주)아 가 페 출 판 사
등록번호 제21-754호(1995. 4. 12)
주 소 서울시 서초구 효령로8길 5 (방배동)
전 화 (02)584-4669

아가페 출판사

필사&쓰기성경® 전용펜 장점

1. 잉크의 뭉침(볼펜 똥)이나 이물질이 없어 깨끗하게 쓸 수 있습니다.
2. 쓸수록 종이가 부풀어 오르는 것을 방지합니다.
3. 오랫동안 보관 시에도 종이가 서로 붙지 않습니다.
4. 물기로부터 글자가 훼손되는 것을 막아줍니다.

* 예수님 말씀은 빨간색 펜을 사용하세요.

일반용

일반 필사&쓰기성경 전용펜 A5(검정/빨강) ········ **800원**

일반 필사&쓰기성경 전용펜 A5(검정/빨강) (1박스/12개) ········ **9,600원**

중용량

오피스펜 200 PLUS (검정) (그레이/골드) ········ **1,500원**

오피스펜 200 PLUS (검정) (그레이/골드)(1박스/10개) ········ **15,000원**

중용량

필사&쓰기 전용펜(고급) (블랙/투명) ········ **1,600원**

필사&쓰기 전용펜(고급) (블랙/투명)(1박스/12개) ········ **19,200원**

대용량

대용량 필사&쓰기성경전용 오피스펜 300 (그레이/골드) ········ **1,800원**

대용량 필사&쓰기성경전용 오피스펜 300 (그레이/골드)(1박스/10개) ········ **18,000원**

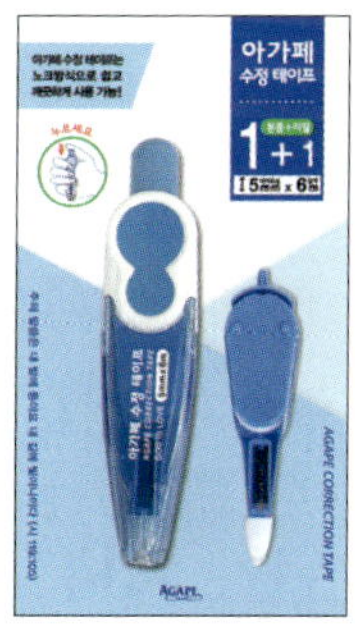

아가페 수정 테이프 (본품+리필) (블루) ········ **3,000원**

아가페 수정 테이프 (본품+리필) (핑크) ········ **3,000원**

* 쓰기성경 전용펜과 수정 테이프를 같이 사용하시면 좋습니다.

* 가격은 변동될 수 있습니다.

[주]아가페출판사

온마음 쓰기성경®

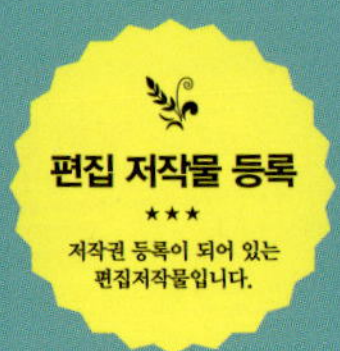

장, 절이 인쇄되어 있는 혁신적인 쓰기성경!

1. 신·구약 성경을 자유롭게 선택, 이동하며 쓸 수 있는 장점이 있습니다.
2. 언제든지 자유롭게 다시 시작할 수 있어서 연속성이 있습니다.
3. 가능한 만큼만 쓰시다 보면 어느새 말씀들로 채워집니다.

4권 분책형	·세트(구약+신약) 정가 ~~80,000원~~ → 75,000원 ·낱권(구약 1~3권, 신약 1권) 각 정가 20,000원
바인더형	프리미엄 온마음 쓰기성경 82,000원
실속형	구약 | 정가 42,000원 신약 | 정가 19,000원

▲ 시편

▲ 잠언 · 전도서

시 편	정가 7,500원
잠언 · 전도서	정가 6,000원

• 권별로 계속 출간 예정입니다 •

※ 인터넷 서점 및 전국 기독교 서점에서 구매하실 수 있습니다.

본문이 있는 채움 쓰기성경®

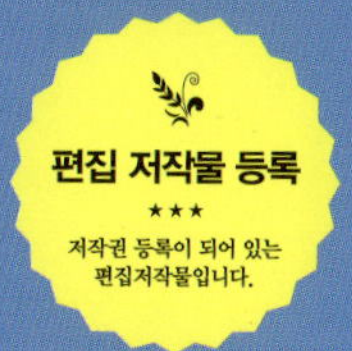

매일 말씀을 필사하며 채움의 기쁨을 누리세요!

〈실제 본문 사진〉

세트 정가 (구약+신약)	
~~100,000원~~ ▶ 95,000원	
낱권 정가	구약 ❶,❷,❸권 신약
각 권 25,000원	

1. 성경 본문이 인쇄되어 있어 필사 시간이 획기적으로 단축됩니다.
2. 성경책을 휴대하지 않아도 언제 어디서든 필사가 가능합니다.
3. 잘 펴지는 제본으로 편리하게 쓸 수 있습니다.
4. 자신의 서체대로 자유롭게 쓸 수 있습니다.
5. 목회자 설교 노트용으로 사용할 수 있습니다.
6. 적색으로 인쇄된 예수님 말씀은 빨간색 펜으로 쓸 수 있습니다.

시 편	정가 12,000원
잠 언	정가 8,000원
마태복음	정가 8,500원
마가복음	정가 8,000원
누가복음	정가 8,500원
요한복음	정가 8,500원
사도행전	정가 8,500원
로마서 · 고린도전후서	정가 9,000원
갈라디아서~히브리서	정가 9,000원
야고보서~요한계시록	정가 8,500원

※ 인터넷 서점 및 전국 기독교 서점에서 구매하실 수 있습니다.